MON BULLETIN DE VOTE

OUI

AU LECTEUR

Il serait difficile, je crois, de trouver dans notre beau pays de France deux hommes ayant exactement les mêmes opinions religieuses, politiques et sociales.

Voyez-vous ce qui arriverait si l'Empereur adressait à la nation les paroles suivantes :

« Français, que chacun de vous exprime librement ses idées, sous forme de bulletin, de brochure ou d'in-folio.

« Quand vous aurez tous écrit votre définition ou

achevé votre traité, je réunirai la collection complète de vos œuvres, et j'agirai selon le vœu de la majorité.

« Quant aux diverses minorités, je les consolerai de leur échec en répudiant les trois couleurs et en adoptant pour bannière toutes les couleurs et toutes les nuances de la création.

« Cet étendard sera si grand qu'on pourra dire : le drapeau multicolore fait le tour du monde ! »

Eh bien ! nous aurions le spectacle d'un joli ballottage !

L'un voudrait ceci, l'autre cela. Pas mal de gens demanderaient cinquante mille livres de rente. Bébé exprimerait le désir d'avoir la lune et un cigare. Un homme, juché sur un rocher, crierait qu'il se contente d'avoir « l'horrible dans l'absurde » ou bien même « l'informe hurlant. » Quelques philanthropes

républicains écriraient à l'encre rouge : Liberté !
Égalité ! Fraternité ! Guillotine et Instruction obli-
gatoire !

De bons paysans, fidèles encore à ce que les
malins appellent de sots préjugés, et ne sachant pas
écrire, marqueraient tout simplement une croix.

Ces derniers seraient, je pense, en très-grand
nombre. A eux, d'ailleurs, viendraient se joindre une
foule de gens instruits, qui, plus habiles à complé-
ter leur pensée, dessineraient une des branches de
la croix comme un sceptre et l'autre comme une
épée.

Cette épée représenterait à la fois celle de l'autorité, celle de la justice et celle qui tranchera le
nœud gordien.

Cette croix serait la Croix.

Or, une question aussi importante que la question constitutionnelle ne pouvant être décidée par une majorité relative, on a inventé le système plébiscitaire.

D'après ce système, on dit au peuple : « *To be or not to be ?* » et le peuple répond *Oui* ou *Non*, purement et simplement, sans poser aucune condition.

J'avoue, à ma honte, que je n'aime pas les combats à outrance, même entre rats et roquets. Ainsi, le désir de voir les frères et amis, maîtres de la France, se déchirer entre eux, tout en nous déchirant, ne constitue pas précisément le rêve de mon existence. A tout prendre, « le rêve de ma *vie* » serait plutôt « Syl*vie*. »

(Souffrez que je vous avoue, une fois pour toutes, mon irrésistible penchant pour cette héroïne, bien que la rime et non la raison ait forcé M. l'ambassadeur de Russie à répéter ce même propos trois mille deux cent soixante-dix-neuf fois dans le poème vaporeux qu'il vient de condenser en français.)

Les batailles, vous ai-je dit, qui suivraient la chute de l'Empire, ne mettraient pas tout à fait le comble à mes vœux. Aussi, je me promets, le jour du plébiscite, d'écrire en belle ronde et d'une façon bien claire ces trois lettres cabalistiques : *Oui,* qui signifient : j'ai bonne envie de vivre.

Mais, pour occuper mes loisirs, je vais rédiger un autre bulletin de vote, illustré et commenté, sur lequel je griffonnerai, au hasard de la plume, ce qui me passera par l'esprit sur les hommes et les choses du jour.

Tout en raillant certaines personnes, j'éviterai d'en blesser aucune. Telle est mon intention formelle, car je ne veux pas signer de mon nom des idées décousues, que je vais exprimer, je le prévois, sous une forme très-légère et souvent burlesquement exagérée.

En effet, comment parlerais-je sérieusement de tout ce qui nous entoure ?

Peut-on ne pas reconnaître que, de notre temps, presque tous les hommes sont des mannequins ; la plupart des femmes, des poupées, et les choses, de simples bibelots?

C'est d'après leurs dieux qu'il faut juger les divers âges du monde. Or, qu'adorons-nous aujourd'hui? Un Dieu qui s'appelle le Laid, en trois laides personnes : Rochefort, Manet et Thérésa !

Ereintamini.

Où allons-nous ? M. Comté avait reçu une volée de coups de la main d'un prince ; M. Lezurier avait crié : « A Cayenne ! » sur le passage de l'Empereur.

Sans doute, aux prochaines élections, les irréconciliables de Paris et de Lyon eussent nommé députés ce martyr et ce héros.

Mais quel vertige s'empare tout à coup de ces demi-dieux ?

L'illustre entrepreneur de bâtisses (comme dans le *Petit Ébénisse*) se désiste inopinément de sa plainte. Il annonce qu'il adhère à la politique du nouveau cabinet, et qu'il se dévoue à la cause libérale.

M. Lezurier signe des excuses, fondées sur le dérangement de son cerveau et sur le fonctionnement défectueux de son estomac.

Mais alors, pourquoi ces implacables avaient-ils cassé les vitres avec tant d'éclat ?

M. Ledru-Rollin aussi entame les vitres, en passant au travers.

Les démagogues, après avoir nommé Rochefort, qui représente une lanterne d'antichambre, auraient dû élire l'ancien tribun en souvenir de son vasistas, et Fonvielle à cause de son fauteuil. Nous serions alors en bonne voie d'avoir à la Chambre la représentation de tout un mobilier.

Pour vous parler maintenant de M. Buffet, la transition est trop facile : je la dédaigne.

Je vous dirai donc tout de suite que je ne comprends pas les efforts tentés par cet homme d'État et son collègue, M. Daru, pour obtenir de l'Empereur que l'article 13 du nouveau sénatus-consulte fût modifié.

Quoi! Le souverain, lorsqu'il sera débordé par les exigences des représentants de la nation, ne pourra dire au pays, sans l'autorisation du Corps législatif : « Jugez entre la Chambre et moi! »

Le peuple a nommé des députés pour le servir.

Il a aussi nommé un intendant, c'est-à-dire l'Empereur, pour diriger toute la maison.

Eh bien! si l'intendant s'aperçoit que les serviteurs font main basse sur les provisions, devra-t-il leur dire :

« Vous profitez de ce que le *buffet* s'ouvre trop

facilement, et vous dévalisez notre maître : per-
mettez-moi de l'en prévenir ! »

C'est insensé !

Ce qui est insensé aussi, c'est l'ambition de
M. Cochin.

Il a brigué vainement une foule de places.

Maintenant il en brigue une nouvelle.

Ayant appris que M. de Castex, gouverneur du
fils du vice-roi d'Égypte, veut donner sa démission,
il intrigue pour lui succéder.

Le fils du vice-roi sera-t-il plus heureux, si cet
ambitieux réussit?

Et nous, serons-nous plus heureux quand la nouvelle constitution aura remplacé cette bonne vieille constitution de 1852?

Ne me parlez pas de ces manuscrits rédigés en un jour.

Une constitution écrite, c'est comme une dent de lait.

Elle ne tarde guère à branler ou à vous procurer des élancements, et il faut alors la faire arracher.

Il vous en pousse une autre à la place.

Mais voilà où ma comparaison cesse d'être souvent juste : la nouvelle Charte n'a pas plus de solidité que la première.

Notre génération, il est vrai, a la dentition très-déchaussée, et l'extraction des plus grosses constitutions peut se faire sans vive douleur.

Il y a pourtant des maladroits qui vous emportent la mâchoire.

Cela s'est vu en 1830, et en 1848.

Juin 48 ! quel aimable souvenir ! On vit alors quels moyens de persuasion savent employer, pour revendiquer leurs droits, certains travailleurs qui ne travaillent jamais qu'aux jours de barricades.

Il ne faut pas leur en vouloir s'ils n'ont pas réussi. Les pauvres chéris ! ils ont bien fait tout ce qu'ils ont pu !

C'est égal ! savez-vous ce que nous deviendrons le jour où les partageux l'emporteront sur nous?

Le socialisme autoritaire nous réduira à l'état d'un troupeau de ruminants, auxquels il ne faudra qu'une auge.

Ce sera charmant : plus d'arts ni de sciences ! plus de religion ! plus de famille ! plus de patrie ! plus de liberté !

Chacun de nous, pour obtenir la maigre pitance que lui servira l'État, devra tous les jours casser plusieurs tombereaux de pierres, au nom de la Liberté, et sous la surveillance du gendarme.

Le gendarme ! que dis-je ? quand l'humanité aura dégringolé jusque-là, il n'y aura plus de profession aussi libérale.

Nous serons tous casseurs de pierres, et nous serons gardés sabre au poing par des chimpanzés, dont la République aura coiffé le chef d'un tricorne et paré le torse d'un baudrier !

Ceux qui taperont sur du silex seront bien jaloux de ceux qui briseront de l'ardoise ! mais les gros singes seront là, armés du sabre, du sabre, du sabre..... *de leurs fils.*

M. Duruy, en effet, n'a-t-il pas décidé que nous descendons tous du singe ?

Les Troppmann et les Lathauvers ont donné un tel coup de pouce au progrès, qu'en regardant le niveau moyen de notre aimable état social, je suis tenté de partager l'avis de l'illustre sénateur.

Nos assassins, en effet, s'attachent à imiter scrupuleusement le Squelette et Rocambole.

Mais auraient-ils atteint un aussi haut degré de perfection sans les heureuses dispositions de leur nature ?

Bien des gens pourtant sont entichés de notre siècle, et prêts à conspuer quiconque n'en proclame pas la splendeur.

Moi, je suis parmi les grognons, et je trouve que tout n'est pas parfait, bien que le télégraphe ait succédé à Mme de Sévigné, et que Nadar ait remplacé Raphaël.

◉

« Formuler des opinions que peu de gens parta-
« gent est une insolence inutile, me direz-vous.
« D'ailleurs, on ne prend les mouches qu'avec du
« miel. »

Pardon ! le miel n'est qu'un moyen de les attirer, et je suis décidé à ne pas m'enduire le corps de cette substance dans le seul but de me faire dévorer par ces insectes.

C'est avec de l'arsenic que vous les détruirez.

Prenez toujours les gens à rebrousse-poil.

S'il vous est arrivé parfois de caresser le dos d'un chat en contrariant sa fourrure, vous avez dû voir jaillir une étincelle sous vos doigts.

Eh bien ! cette étincelle est l'image de la vérité.

Avouez que la lutte soutenue par le Pape depuis dix ans n'est pas un spectacle vulgaire.

De son royaume il ne lui reste qu'une ville, entourée d'ennemis.

Pourtant il n'hésite pas à dicter sa loi au monde entier, y compris l'Italie.

C'est à peu près comme si le roi de Prusse, réduit à la seule ville de Memel, eût dit à Napoléon Ier, « J'ordonne, obéissez, ou bien gare à ma foudre ! »

Mais le pauvre homme n'y songeait guère. Il envoyait au contraire sa femme offrir des roses à l'Empereur, en faisant de petites manières coquettes.

Voilà par quel moyen il tâchait de rattraper sa couronne, à la place du rond de serviette qui ornait alors son chef.

Pie IX, par exemple, je ne suis pas bien convaincu qu'il descende du singe comme M. Duruy.

Je cherche vainement, dans les œuvres de Ponson du Terrail et d'Émile Gaboriau, le type qu'il a cru bon de prendre pour modèle.

Il y a bien un livre étonnant où je vois un personnage auquel le Souverain Pontife cherche peut-être à ressembler.

Or, la mort de ce personnage ne tenterait pas un esprit vulgaire, car Il est mort crucifié.

D'ailleurs, ce n'est ni Ponson du Terrail, ni même le grand Duruy qui a écrit ce livre, ou qui aurait jamais pu l'écrire.

Et dire que le Gouvernement n'a pas l'air de se douter du mal que lui fait l'Université !

La plupart de nos professeurs portent secrètement entre leur cuir parcheminé et leur gilet de flanelle un scapulaire orné de l'effigie de Louis-Philippe, et les pions ont les poches bourrées de menues statuettes figurant Robespierre, Marat et tous les saints de la sainte Révolution française.

Enfin, vos pseudo-savants, auxquels vous auriez mieux fait de concéder le monopole des tabacs ou des omnibus que le monopole de l'enseignement, ont détrôné, dans leurs chaires et dans leurs livres, Dieu, l'autorité divine.

Ne vous étonnez donc pas si la marmaille, après avoir appris en quatrième la libre pensée, au lieu du catéchisme et du français, songe un peu plus tard à abattre l'autorité humaine !

Vos universitaires palmés (car telle est la marque distinctive de leur costume officiel) vous jouent de mauvais tours.

Gambetta aussi vient de rendre un fâcheux service à ses collègues de l'extrême gauche.

Dans son cachot humide (vieux style), Rochefort doit se dire, en mettant d'un air rêveur son pouce dans sa bouche :

« Maintenant je ne pourrai plus dire des bêtises ; sinon, de général je deviens simple fusilier.

« Or je suis incapable de discourir pendant qua-
tre heures.

« Décidément je ne servirai plus désormais qu'à
enterrer les morts. Et encore ! Il ne faut pas que
la foule soit trop grande, car si l'on me presse,
je me trouve mal. »

Vous vous trouvez mal, citoyen-comte ? Quelle
modestie ! Moi, je vous trouve assez bien ! Mais je
constate que vous désapprouvez les excès de presse.

Ce pauvre Rochefort, est-il assez éteint ! lisez
tout ce qu'il a écrit depuis dix-huit mois. Vous n'y
trouverez rien, absolument rien.

Rochefort, c'est un feu d'artifice (rien du 15 août).
On l'a tiré, il a jeté beaucoup d'éclat, et maintenant

on allume le papier qui ne contient plus un grain de poudre.

◄►

Le député de la première a trop *lanterné* avant de proclamer la République. Aujourd'hui sa verve est épuisée, son esprit est impuissant.

Un jour pourtant, il avait derrière lui 200,000 hommes armés de poignards et de revolvers.

Mais afin de ne subir aucun dégât, il aima mieux prendre le galop que de livrer bataille.

◄►

C'est un peu fort cependant que la France soit l'esclave de Paris, que la province en soit réduite à trembler toujours !

Le privilége du plus gros a succédé au droit d'aînesse.

◉

Je demande qu'on étende à la capitale le principe en système parlementaire : si elle a démérité, qu'elle tombe et cède la place à une autre.

◉

Ma proposition n'a rien d'excessif. Pithiviers remplacerait Paris, et Paris deviendrait Pithiviers.

Dieu s'est montré plus radical le jour où il appliqua l'article 19 à la ville de Sodome, en la détruisant par un déluge de feu.

◉

Puisqu'il s'agit de déluge, avez-vous remarqué une coïncidence ?

Après la grande inondation à laquelle Noé et sa famille survécurent seuls, un des premiers soins de ce patriarche fut de planter la vigne.

Évidemment l'humanité, qui avait failli être noyée tout entière, était fatiguée d'avoir bu autant d'eau, et désirait adopter une autre boisson.

***

Noé aimait les changements. C'était donc un vrai Parisien, et de plus un Parisien de Belleville, puisqu'il était hydrophobe.

***

Les Parisiens de Belleville, il faut leur faire aussi quelques petites concessions.

Deux de nos grands hommes n'y ont pas manqué.

Mais cette fois encore « l'ordre religieux a fait les frais de l'ordre politique, » selon les paroles de M. Guizot.

Oui, nous assistons à la renaissance de la chevalerie. Il suffit, pour s'en convaincre, de constater le petit ton cavalier des fameuses lettres de M. Daru et le sans-gêne de M. Buffet proscrivant arbitrairement les pièces du Pape.

Il est bon aussi de remarquer que MM. d'Andelarre, Keller et autres ennemis de l'Empereur, se disant catholiques à tous crins, n'ont pas trop crié.

Pourquoi M. Buffet n'a-t-il pas déclaré aussi que les frédérics sont en carton, et pourquoi M. Daru n'a-t-il pas, dans ses petits poulets, donné quelques leçons au roi de M. le premier ministre de Prusse?

Ces messieurs du centre gauche font comme Rochefort au rond-point des Champs-Élysées ; ils ne cèdent que devant la puissance des baïonnettes.

« La France est centre gauche, » c'est-à-dire une personne neutre. Royer-Collard l'a dit, et, depuis, un tas de jobards répètent cela tous les jours comme un axiome indiscutable.

Pauvre France ! On ose te comparer à la chevalière d'Éon !

Nous savons maintenant que MM. Guéroult et Louis Jourdan doivent attendre plus de satisfactions que les catholiques de ce petit groupe de députés qui ont la prétention de représenter toute la France.

Se méfier de gens qui tendent une patte aux d'Orléans, une autre à Henri V, une autre à la République et une autre à l'Empire !

Athées et révolutionnaires, et vous, neutres, je vous hais.

Je voudrais que le fouet du sarcasme s'abattît sans relâche sur vos épaules, et que partout on fût persuadé que vous avez été mis au monde pour être fustigés sans trêve ni merci.

Lorsque la Révolution passe sur le boulevard, je voudrais entendre les gavroches, montrant du doigt son dos meurtri et prenant cette écloppée pour la jeune cosaque du Châtelet, s'écrier : « Bonjour, Mamzelle Olga ! Comment ça va depuis *knout...* avons vue ? »

J'ai dit que je regrette la chevalerie. Aussi quel dégoût m'inspirent les lâches injures dont quelques drôles abreuvent tous les jours la gracieuse compagne que Dieu, dans sa sollicitude pour la France, a donnée à l'Empereur !

Ils l'insultent, elle qui a réalisé cette maxime : la femme de César ne doit pas même être soupçonnée ; elle, la Providence des pauvres ; elle, l'héroïne d'Amiens !

Souvenez-vous, Madame, que la révolution de 93 chassa de France la noblesse, les religieux, la religion et Dieu lui-même ; mais que la République fut bientôt obligée de rappeler les Filles de Saint-Vincent de Paul. Oui, les sœurs de Charité rentrèrent dans notre pays avant les autres proscrits, avant même que nos temples fussent entièrement restaurés.

Si jamais une nouvelle catastrophe bannissait encore tout ce qui est noble et grand, bientôt les pauvres que vous avez secourus, les malades qui vous ont vue à leur chevet, bravant le plus terrible des fléaux, vous rouvriraient toutes grandes les portes de la France, et vous rentreriez la première, triomphalement, votre doux sourire sur les lèvres, une main tendue vers les infirmes et l'autre vers les indigents.

97